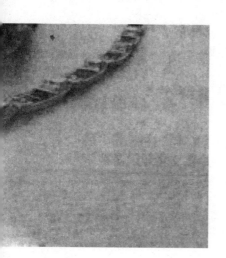

Zhongguo Wenhua
Zhishi Duben

中国文化知识读本

京杭大运河

主编

金开诚

编著

王忠强

吉林出版集团有限责任公司

吉林文史出版社

图书在版编目（CIP）数据

京杭大运河 / 王忠强编著 . 一长春：吉林出版集
团有限责任公司：吉林文史出版社，2009.12（2022.1重印）
（中国文化知识读本）
ISBN 978-7-5463-1576-8

Ⅰ . ①京… Ⅱ . ①王… Ⅲ . ①大运河 – 简介 – 中国
Ⅳ . ① K928.42

中国版本图书馆 CIP 数据核字（2009）第 236849 号

京杭大运河

JINGHANG DAYUNHE

主编/ 金开诚 编著/ 王忠强

责任编辑/曹恒　崔博华 责任校对/王志明

装帧设计/曹恒 摄影/金诚 图片整理/王贝尔

出版发行/吉林文史出版社 吉林出版集团有限责任公司

地址/长春市人民大街4646号 邮编/130021

电话/0431-86037503 传真/0431-86037589

印刷/三河市金兆印刷装订有限公司

版次/2009 年 12 月第 1 版 2022 年 1 月第 7 次印刷

开本/650mm×960mm 1/16

印张/8 字数/30千

书号/ISBN 978-7-5463-1576-8

定价/34.80元

关于《中国文化知识读本》

　　文化是一种社会现象，是人类物质文明和精神文明有机融合的产物；同时又是一种历史现象，是社会的历史沉积。当今世界，随着经济全球化进程的加快，人们也越来越重视本民族的文化。我们只有加强对本民族文化的继承和创新，才能更好地弘扬民族精神，增强民族凝聚力。历史经验告诉我们，任何一个民族要想屹立于世界民族之林，必须具有自尊、自信、自强的民族意识。文化是维系一个民族生存和发展的强大动力。一个民族的存在依赖文化，文化的解体就是一个民族的消亡。

　　随着我国综合国力的日益强大，广大民众对重塑民族自尊心和自豪感的愿望日益迫切。作为民族大家庭中的一员，将源远流长、博大精深的中国文化继承并传播给广大群众，特别是青年一代，是我们出版人义不容辞的责任。

　　《中国文化知识读本》是由吉林出版集团有限责任公司和吉林文史出版社组织国内知名专家学者编写的一套旨在传播中华五千年优秀传统文化，提高全民文化修养的大型知识读本。该书在深入挖掘和整理中华优秀传统文化成果的同时，结合社会发展，注入了时代精神。书中优美生动的文字、简明通俗的语言、图文并茂的形式，把中国文化中的物态文化、制度文化、行为文化、精神文化等知识要点全面展示给读者。点点滴滴的文化知识仿佛繁星，组成了灿烂辉煌的中国文化的天穹。

　　希望本书能为弘扬中华五千年优秀传统文化、增强各民族团结、构建社会主义和谐社会尽一份绵薄之力，也坚信我们的中华民族一定能够早日实现伟大复兴！

目录

一、隋炀帝其人

（一）少年时代

杨广，历史上称之为隋炀帝，生于569年，是隋朝的开国皇帝杨坚与独孤皇后所生的第二个儿子。

在他12岁以前，他的父亲是北周皇室的姻亲，也是周王朝的股肱大臣，掌握着全国大部分的兵权。身为贵公子的杨广致力于同他一个阶级和时代的共同追求，不知疲倦地朗诵着"四书""五经"等儒家经典著作，为以后走向仕途、延续家族的荣耀奠基。根据《隋书·炀帝本纪》的记载，少年时候的炀帝勤奋好学，对于文学有着浓厚兴趣，而且有着不低

《隋炀帝出宫图》

隋朝五神兽含花枝镜

的造诣。少年时候的炀帝非常严肃，举止端庄，有着一种贵公子的派头。

除了每天要读将近十个小时的诗书之外，杨广和他的哥哥弟弟们都十分笃信佛教，因为他们的母亲——独孤皇后是一个虔诚的佛教徒。

作为贵族子弟，接受必要的骑战和狩猎的训练是非常正常的，他们要时刻准备着像他们的祖辈们一样为了王朝的荣耀而战。

但是，581年，后周重臣杨坚，也就是他的父亲，篡夺了后周皇位。这一事情几乎完全改变了杨广和他的四个弟兄的生活。他们从此不再有朝廷大臣之子的那种舒适的、可能显得平凡的童年生活，他们只能过着充满猜忌和倾轧的宫廷生活。杨广和他的兄弟们成了王，并得到了大片的封地和显赫的爵号，但他们也变成了围绕权力中心进行阴谋诡计的工具，在那里，官员、宫廷的宠妃、术士、和尚和庸医们各为私利而钩心斗角。

杨广的第一个官职是新设的华北平原北部的行台尚书令，他当时只是一个13岁的男孩，他的父亲派饱经风霜的文

杨坚像

《隋炀帝东幸图》

武官员协助他，他们有权，并用权来约束这位受照顾的幼童。与此同时，他的父亲隋文帝也许出于一统天下的谋略，在后梁为杨广寻找了一个配偶，后梁当时实际上是隋在长江中游的卫星国。经过生辰八字的反复测算，后梁皇室的一个宗女被选为杨广之妻。这位年轻的姑娘有着很好的教养，她聪明好学，很有文才。杨广十分爱她，并尊敬她，她也是杨广的终身伴侣和知心人。也很可能是由于她给他介绍了南方的生活方式，并促使他热爱南方，几乎到了着迷的程度。所以他即位后才那么着迷于京杭大运河的建设，甚至住在扬州都不愿意回到他的都城。

（二）皇储之争

杨广是隋文帝杨坚的第二个儿子，按照中国传统的皇位继承制度，即嫡长子继承制，杨广本没有机会成为皇位的继承者。但是一旦他的哥哥不再受到父亲的喜爱，他就可能一跃而成为帝国的继承人。这种情况在历史上不是没有发生过，杨广心里暗暗与他的哥哥较着劲，因为，他也有可能成为帝国的第二世皇帝。

隋炀帝时期文物

京杭大运河上的桥梁

京杭大运河博物馆馆藏
隋朝钱币

京杭大运河

隋炀帝下扬州木刻（局部）

　　杨广的哥哥，也就是当朝的太子名叫杨勇，当初，隋文帝让太子杨勇参与决策军国政事，他经常提出批评建议，文帝都采纳了。杨勇性情宽厚，直率热情，平易近人，无弄虚作假的品行。文帝本性崇尚节俭，杨勇曾经在已经很精美华丽的蜀地出的铠甲上再加装饰，文帝看到后很不高兴，他告诫杨勇说："自古以来帝王无一喜好奢侈而能长久的，你作为皇位继承人，应当以节俭为先，这样才能承继宗庙。我过去的衣服，都各留一件，时常取出它们观看以告诫自己。恐怕你已经以当今皇太

《隋文帝出宫图》

子自居而忘却了过去的事情，因此我赐给你一把我旧时所佩带的刀，一盒你旧日为上士时常常吃的腌菜。要是你还能记得以前的事，你就应该懂得我的良苦用心。"

文帝对太子有所猜忌还是因为杨勇所做的一件事使他感觉到太子可能对自己的皇位有威胁。那是一年的冬至，百官都去见杨勇，杨勇安排乐队接受百官的祝贺。文帝知道了这件事，就问朝臣："最近听说冬至那天朝廷内外百官都去朝见太子，这是什么礼法？"太常少卿辛回答："百官到东宫，是祝贺，不能说是朝见。"文帝说："祝贺的人应该

隋朝行宫

三五十人，随意各自去，为什么由有关部门召集，一时间百官都集中起来同去？太子身穿礼服奏乐来接待百官，能这样吗？"于是文帝下诏说："礼法有等级差别，君臣之间不能混杂。皇太子虽然是皇帝的继承人，但从礼义上讲也是臣子，各地方长官在冬至节来朝贺，进献自己辖地的特产，但另外给皇太子上贡，这就不符合典章制度了，应该全部停止。"从此，文帝对杨勇的恩宠开始衰落，渐渐有了猜疑和戒心。

杨勇有很多姬妾，他对昭训云氏尤其宠爱。杨勇的妃子元氏不得宠，突然就得了心疾，两天就死了。独孤皇后认为这里还有别的缘故，对杨勇很是责备，经常派人来窥伺探查，找杨勇的过失和罪过。

杨勇经过上述两件事逐渐失去了父亲和母亲的信任，他的太子之位可谓是岌岌可危。这就给他的弟弟杨广以可乘之机。

有了哥哥的教训之后，杨广就更加伪装自己，他只和萧妃住在一起，对后宫所生子女都不去抚育，独孤皇后因此多次称赞杨广有德行。对于朝廷中执掌朝政的重臣，杨广都尽心竭力地与他们结交。文帝和独孤皇后每次派身边的人到杨广的住处，无论来人的地位高低，杨广必定和萧妃一起在门口迎接，为来

隋朝户部执照和监照

京杭大运河

隋炀帝下江南
木刻（局部）

人摆设盛宴，并厚赠礼品。于是来往的奴婢仆人没有不称颂杨广为人仁爱贤孝的。文帝与独孤皇后曾经驾临杨广的府第，杨广将他的美姬都藏到别的房间里，只留下年老貌丑之人，身着没有纹饰的衣服来服侍伺候。房间里的屏帐都改用朴素的幔帐，断绝琴瑟丝弦，不让拂去上面的灰尘。文帝看到这种情况，以为杨广不爱好声色，返回皇宫后，告诉侍臣这一情况。他感到非常高兴，侍臣们也都向文帝祝贺。从此，文帝喜爱杨广超出别的儿子。

不但如此，杨广的容貌俊美，举止优

隋炀帝像

雅，性情聪颖机敏，性格深沉持重，喜好学习，擅长作文章，对朝中之士恭敬结交，待人非常礼貌谦卑，因此他的声誉很盛，高于文帝其他的儿子。

杨广不但擅长伪装自己，取得父皇和皇后的欢心，而且还广结朝廷重臣，如宇文述、张衡、杨约、杨素等等，这些朝廷重臣也知道太子早已不得皇上和皇后的欢心，早晚都会被废黜，所以更加尽心地为杨广取代杨勇而努力，所以他们不断罗织太子的罪名奏报给皇帝和皇后，使他们对太子的印象愈加恶劣。

终于在开皇二十年的冬季，文帝将杨勇和他封王封公主的子女都废为庶人。同年的十一月，杨广被文帝立为太子。四年之后，文帝去世，杨广就成为隋朝的第二代皇帝，是为隋炀帝。

（三）大兴土木

杨广一旦成为了至高无上的皇帝，便再也没有人能够管得住他了，于是，压抑了十多年的本性便显露无疑。杨广非常喜欢营建各种各样的宫室建筑、亭台楼阁。在他即位第一年的三月，他就下诏派杨素等营建东京洛阳，每个月役使壮丁二百万人，并迁徙洛州城内的居民和各州的富商

隋炀帝下江南雕刻

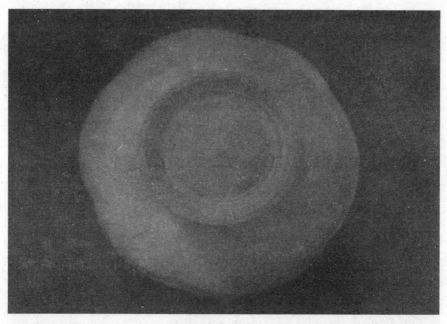

京杭运河出
土的文物

大贾几万户充实东京。废弃二崤道，开辟册道。

之后不久，他又命令宇文恺和封德彝等人营建显仁宫，征调大江以南、五岭以北的奇材异石，输送到洛阳；又搜求海内的嘉木异草、珍禽奇兽，用以充实皇家园苑。

然后，又命令尚书右丞皇甫议征发河南、淮北各郡的百姓前后一百余万人，开辟通济渠。从西苑引谷水、洛水到黄河，又从板渚引黄河水经过荥泽进入汴水，从大梁以东引汴水进入泗水到淮河。又征发淮南的百姓十余万人开凿邗沟从山

阳（今淮阴）到杨子（今扬州三汊河附近）入长江。这就是所谓的京杭大运河。

通济渠宽四十步，渠两旁都筑有御道，栽种柳树。从长安到江都设置离宫四十余所。庚申（三十日），派遣黄门侍郎王弘等人到江南建造龙舟和各种船只几万艘。东京的官吏监督工程严酷急迫，服役的壮丁死去十之四五。有关部门用车装着死去的役丁，东到城皋，北至河阳，载尸之车连绵不断。

即位后的第五个月，他又马不停蹄地营建西苑，这个院子方圆二百里，苑内有海，周长十余里。海内建造蓬莱、方丈、瀛洲诸座神山，山高出水面百余尺，台观殿阁，星罗棋布地分布在山上，无论从哪方面看都如若仙境。苑北面有龙鳞渠，曲折蜿蜒地流入海内。又沿着龙鳞渠建造了十六院，院门临渠，每院以一名四品夫人主持，院内的堂殿楼观，极端华丽。宫内树木秋冬季枝叶凋落后，就剪彩绸为花和叶缀在枝条上，颜色旧了就换上新的，使景色常如阳春。池内也剪彩绸做成荷、芰、菱、芡。炀帝来游玩，就去掉池冰布置上彩绸做成阳春美景。十六院竞相用珍馐百味一比高低，以求得到炀帝的恩宠。炀帝喜欢在月夜带领几千名宫女骑马在西苑游玩，他作

洛阳白马寺一景

京杭大运河

扬州古运河壁画

雪中的温榆河

《清夜游曲》，在马上演奏。

炀帝没有一天不在营建宫室，两京以及江都，苑囿亭殿虽然很多，时间久了炀帝仍感到非常厌倦，每次游玩，左顾右盼，觉得这些宫殿苑林都没有中意的，不知道怎么是好。于是遍求天下山川图册，亲自察看，以寻求名胜之地营造宫苑。第二年的四月，炀帝又下诏在汾州之北，汾水的源头营建汾阳宫……

数不胜数的宫殿，蜿蜒千里的运河还是不能满足炀帝那穷奢极欲的心，他认为一个皇帝还应当开拓边疆，于是极度膨胀的心理让他穷兵黩武，对高句丽连续发动

隋炀帝墓园一景

京杭大运河无锡段

了三次侵略战争。

（四）三征高句丽

612 年，炀帝御驾亲征，并下讨高句丽檄文。各路汇集到涿郡的隋军人马已达 113 万之众。旌旗千里，《隋书》称："近古出师之盛，未之有也。"隋军第一路人马出发 40 天，涿郡的队尾才走完，隋炀帝的御营就绵延 80 里之长。杨广出师前曾训示要"吊民伐罪，非为功名"，诸将不得纵兵，不得擅杀，听候指示，不可擅自做主。炀帝以此宣扬天朝大国的威仪仁义，襄公之仁，反被高句丽所乘。隋军开始很顺利，一路皆克。渡过辽河，在东岸歼灭高句丽军万余人，直抵辽阳城下。辽阳乃高句丽辽东重镇，在隋军的猛攻之下，守军请降，而诸将不敢做主，只好停战请示。守军趁机又填好缺口，修整兵马再战，如此竟然有三次之多。另一路军队 30 万人由名将宇文述统领，令士兵放弃粮草轻装前进，绕过辽东诸城，南渡鸭绿江，一日七胜，渡过清川江，直趋平壤城下，但城坚池深，兵又无粮，又冻又饿，宇文述只得退军，高句丽军自后追击，诸军皆溃，至辽东时仅余 2700 人。隋水军渡海至大同江口登陆，在距平壤 60 里处击败高句丽军，乘胜以精兵 4 万攻城，

高句丽王陵遗址

隋炀帝其人
023

遭遇伏击大败，还者不过数千人。征高句丽两路皆先胜后败，炀帝亲率大军亦困于坚城之下，不得已，下令班师。炀帝一征高句丽以惨败告终，隋军损失30余万人。

613年炀帝再次亲征高句丽，此次隋军包围辽阳城，昼夜不停地猛攻20余日，辽阳岌岌可危，但此时后方负责督运粮草的杨玄感叛乱，炀帝不得不撤兵回国平乱，军资、器械等皆弃之而去。第二次征高句丽虽未大败，但半途而废没达到任何目的。

614年炀帝三征高句丽，隋军在卑沙城(今辽宁金县东大黑山)大败高句丽军。

京杭大运河无锡段

京杭大运河

隋朝马夫俑

高句丽与隋接连三年的战争，国力早已不支，几乎到了山穷水尽的地步，只好向炀帝称臣请和，并且送还了逃到高句丽的隋朝叛将斛斯政。炀帝也乐得有个台阶，挽回了前两次失败之辱，加之此时隋国内早已因征讨高句丽而怨声载道，天下骚动。"群盗蜂起，不可胜数"，遂罢兵许和。后来炀帝下诏四征高句丽，然而，连年征战的国内也是民情汹汹、危机四伏，历史没有留给隋炀帝收复东北的机会，反而使他成为了一个亡国之君。

（五）民情汹汹

由于隋炀帝在大兴土木、过度役使民

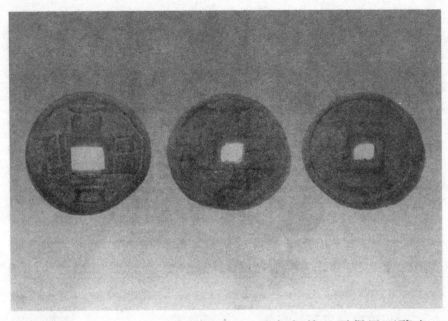

隋朝的铜钱

力之后，又连年征战，弄得民不聊生。所以从610年开始农民起义此起彼伏。

610年，有壮士数十人，白衣白冠，焚香持花，自称弥勒佛，进入建国门（端门）。守门官兵都叩头礼拜。壮士夺取武器，进入宫内，与齐王杨暕的卫兵互斗，壮士斗败被杀死。这数十个壮士的行动，显然是隋末农民大起义的第一个信号。

611年广东人朱崖起兵反隋。同年，齐郡邹平（今山东邹平县）人王薄聚众据长白山（山在山东邹平县）起义；平原郡（治安乐，山东德县）豪强刘霸道据豆子，聚众至十余万人，号称"阿舅"军；

运河畔天神像

漳南（山东平原县、恩城西北）勇士孙安祖拒绝当兵，被县官笞辱，得同县豪侠窦建德的助力，聚众数百人，入高鸡泊反隋；蓨县（今河北景县）人高士达在清河境内聚众，自称东海公。

612年，杜彦冰、王润等攻破平原郡城；济北郡人韩进洛聚众数万反隋。济阴郡人孟海公聚众数万反隋；北海郡（治益都，山东益都县）人郭方预聚众三万人反隋；济北郡人甄宝车，聚众万余人，攻夺城邑；清河郡人张金称、渤海郡（治阳信，山东阳信县）人孙宣雅、平原郡人郝孝德、北海郡人郭方预、河间郡（治河间，河北河间县）人格谦，各拥众数万或十余万人反隋；济阴郡人吴海流、东海郡（治朐山，江苏东海县）人彭孝才聚众数万人反隋；东阳郡（治金华，浙江金华市）人李三儿、向但子聚众万余人反隋；扶风郡（治雍，陕西凤翔县）沙门向海明自称弥勒出世，聚众数万人反隋，自称皇帝；杜伏威、辅公祏在淮南聚众反隋。

614 年，隋炀帝又征发全国兵士和民夫，发动第三次侵略战争，这时候农民起义更是风起云涌。扶风郡人唐弼起兵，有众十万人，立李弘为天子，自称唐王；延安郡（治肤施，陕西延安县）豪帅刘迦论自称皇王，有众十万；豪帅郑文雅、

京杭大运河遗址一景

京杭大运河

京杭大运河一河段

林宝护等率众三万，攻破建安郡城；炀帝自辽东回洛阳，邯郸县（河北邯郸县）豪帅杨公卿率八千人，袭击隋军后队；豪帅司马长安攻破长平郡城（山西高平县）。

615年，攻破西河郡城（山西汾阳县）；离石郡（治离石，山西离石县）匈奴人刘苗王自称天子，有众数万；汲郡（治卫，河南汲县）豪帅王德仁聚众数万，据林虑山（在河南林县境）；齐郡孟让自长白山出击诸郡县，至盱眙（江苏盱眙县），据隋都梁宫，有众十万；涿郡豪帅卢明月聚众十万，屯祝阿（山东省济南市长清区）。

615年，齐郡豪帅颜宣政聚众反隋；

北京通州京杭运
河文化广场浮雕

豪帅杨仲绪率众万余攻北平郡城（河北卢龙县）；上谷郡（治易，河北易县）豪帅王须拔自称漫天王反隋；淮南人张起绪聚众三万人反隋；彭城人魏麒麟聚众万余人，攻鲁郡城（山东兖州）；东海豪帅李子通有众万人，渡淮，自称楚王，攻江都。

616年，雁门郡人翟松柏据灵丘（山西灵丘县），聚众数万人，转攻旁县；东海郡人卢公暹据苍山（山东临沂县东），聚众万余人；历山飞别部甄翟儿率众十万攻太原，隋将战败被杀；冯翊郡（治冯翊，陕西大荔县）人孙华聚众，自称总管；高凉郡通守洗珤彻（珤同宝）

京杭大运河始于春秋
时期，完成于隋代

起兵反隋，岭南少数民族多起兵响应；豪帅赵万海聚众数十万人，自恒山郡（治真定，河北正定县）攻高阳县（河北高阳县）；安定郡（治安定，甘肃泾川县）人荔非世雄据临泾县（甘肃镇原县）聚众，自称将军；东郡（治白马，河南滑县）人翟让在瓦岗（在滑县境）聚众，单雄信、徐世勣等人各聚众来归附。又有豪帅王伯当等人归附，李密自杨玄感失败后，也归附之。

到 617 年，农民起义和隋官割据摧毁了隋统治，隋炀帝只好在江都等待死亡。

（六）炀帝之死

隋炀帝无法收拾时局，逃到江都后，愈益荒淫无度。宫中立百余房，各居美女多人，每日一房轮流做主人，隋炀帝与萧后等率侍女千余人就房饮酒，杯不离口，昼夜昏醉。他心里发慌，常对萧后说："外面大有人图侬（我），且不管他，快乐饮酒吧！"有一次，他取镜照面，对萧后说："好头颈，不知该谁来斩它！"萧后惊问缘故，他强笑道："贵贱苦乐，没有一定，斩头也不算什么！"当然，他是不肯束手等死的，618年，炀帝想迁都丹阳（江苏南京市），令民众给他修筑宫室。当时江

扬州城遗址

二十四桥

都粮竭，随从卫士多关中人，谋逃归乡里。右屯卫将军宇文化及等隋官煽动卫士，得数万人，攻入宫中。隋炀帝换服装逃到西阁，被隋叛官捕获。叛官们拔刀监视，隋炀帝问："我犯什么罪？"叛官们说："你轻动干戈，游玩不息，穷奢极侈，荒淫无度，专任奸邪，拒听忠言，使得丁壮死在战场，女弱填入沟壑，万民失业，变乱四起，你还说什么无罪！"隋炀帝说："我实在对不起百姓，至于你们，跟着我享尽富贵荣华，我没有对不起你们。今天的事，为首是谁？"叛官们说："全国同怨，何止一人。"隋炀帝承认对不

隋炀帝杨广像

京杭大运河博物馆

隋炀帝其人

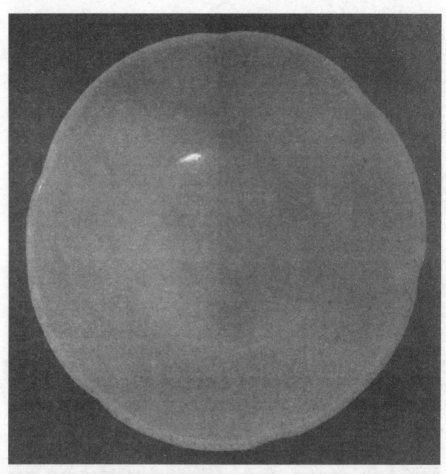

山东境内京杭大运河出土的隋朝文物

起百姓，还算是临死时认了罪。他要求饮毒酒自杀，叛官们不许。隋炀帝怕刀杀，自解巾带给叛官们，这个"罄南山之竹，书罪无穷；决东海之波，流恶难尽"（李密宣布隋炀帝十大罪状檄中语）的隋炀帝就这样被缢杀了。隋炀帝被杀，隋朝实际上已经灭亡。

二、京杭大运河

（一）运河概况

京杭大运河是世界上开凿最早、里程最长、工程最大的运河。北起北京（涿郡），南到杭州（余杭），全长1794公里。京杭运河对中国南北地区之间的经济、文化发展与交流，特别是对沿线地区工农业经济的发展和城镇的兴起均起了巨大作用。京杭大运河也是最古老的运河之一，它和万里长城并称为我国古代的两项伟大工程，闻名于全世界。

（二）沿线地理

京杭运河北起北京，南达杭州，流经北京、天津、河北、山东、江苏、浙

京杭大运河煤运

京杭大运河

江六省市，沟通了海河、黄河、淮河、长江和钱塘江五大水系，全长1794公里，相当于苏伊士运河的10倍多，巴拿马运河的22倍，是世界上最长的人工河流，也是最古老的运河之一。

京杭大运河旁的石碑

运河区位于沧州市区西半部，京杭大运河（亦称南运河）两岸。地处冀中平原东部，系黑龙港河流域，即北纬38°13′00″至38°24′51″，东经116°47′至116°57′14″。东以南北大街为界，与新华区近邻，南、西、北三面皆与沧县接壤，南北长15公里，东西长13公里。市区约17.5平方公里，余为农村，呈"U"型围绕城区。

运河区系冲积平原，地势西南高、东北低，最高为海拔10.9米，最低海拔6.0米。地势构造属华北陆台部分，基部构造处于沧县隆起与黄骅拗陷交界处的古生代地层，上多覆盖巨厚新生代沉积物。该区浅层地下水赋存于第四纪晚期全新统地层中。土壤分布复杂，大部分为潮土，有黏土和沙土。属温带半温润大陆性气候，春旱、夏涝、秋爽、冬干已成规律，四季分明。年均气温13.4度，无霜期平均198天。全年日照时数为2840小时，日照率

为 66%。平均降水量为 612.3 毫米，其中
60% 以上集中在七八两个月。年蒸发量
为 1853.4 毫米，地表水贫乏。地下水平
均值 1638 万立方米，属缺水区。水质以
运河为界，运西大部分为淡水，运东多
为咸水。南湖为淡水养殖渔场，储量曾
达 12 万立方米，另有一温泉，水温 51 度，
出水量每小时 90 立方米。植被以人工栽
种的杨、柳、榆、槐、桐、椿、梨、桃、
杏、葡萄、枸杞、紫穗槐等乔灌木为主，
地表作物主要有小麦、玉米、豆子和各
类蔬菜，自然杂草有十余种，城区绿化
和花卉养殖逐年增加，改善了生态环境。
辖区总面积 20.65 万亩，其中耕地面积 9.05

京杭大运河是中
国唯一一条南北
走向的长河

京杭大运河

京杭大运河是世界最长的人工运河

万亩。至 2002 年底粮食作物占地 57810 亩，蔬菜占地 10695 亩。农业人口 6.2 万人，人均耕地 1.46 亩。非农业人口 19.92 万。全区人口总计 26.12 万人，全区人口中以汉族居多，另有回、满、蒙古等 17 个少数民族。

（三）历史沿革

在我国历史上，京杭大运河的开凿工程主要经历了三个时期：

第一个时期是东周春秋时期。位于东南吴国的国王夫差，为了争霸中原，向北扩张势力，在公元前 486 年引长江水经瓜洲（今江苏省邗江县南部）北入淮河。这条联系江、淮的运河，从瓜洲到末口（今淮安附近），当时称为邗沟，长约150公里。这条运河就是京杭大运河的起源，是大运河最早的一段河道。后来，秦、汉、魏、晋和南北朝又相继延伸了河道。

第二个时期是隋朝时期。6世纪末到7世纪初，大体在邗沟的基础上拓宽、裁直，形成大运河的中段，取名曰山阳渎。在长江以南，完成了江南运河，这是大运河的南段。实际上，江南运河的雏形已经存在，并且早就用于漕运。"漕"是利用水路运送漕米到集中地点的意思。漕运是我国历史上一项重要的经济制度，用今天的话来说，就是利用水道（河道

大运河夜景

京杭大运河

千年运河浮雕

或海道）调运粮食（主要是公粮）的一种专业运输。我国的封建王朝，向农户征收地租和田赋，在很长时期内，采取征收实物的办法。这些王朝又大都建都在西北和北方的城市，而附近地区所产的粮食，不能满足京城的需要。因此，把其他地区征收的粮食调运到京城，就成为一项重要的政治措施，为封建统治者所重视。在这种情况下，漕运在我国历史上形成过一套较完整的制度，并有相应的一套管理系统。漕运用的船，叫做漕船。漕船载运的粮、米，叫做漕粮、漕米。驾驶漕船的军队和民工，叫做漕军、漕丁和漕夫。许多朝代都设专管漕运的官员。远在秦汉时代，我国史书就已经有了关于漕运的记载，到了隋朝，漕运更有了进一步的发展。

第三个时期是元朝时期。元朝定都大都(今北京)后，要从江浙一带运粮到大都。但隋朝的大运河，在海河和淮河中间的一段，是以洛阳为中心向东北和东南伸展的。为了避免绕道洛阳，裁弯取直，元朝就修建了济州、会通、通惠等河，明、清两代，又对大运河中的许多河段进行了改造。

一是开凿济州河和会通河。从元朝都城大都（今北京市）到东南产粮区，大部

运河文化广场牌坊

京杭大运河

分地方都有水道可通，只有大都和通州之间、临清和济州之间没有便捷的水道相通，或者原有的河道被堵塞了，或者原来根本没有河道。因此，南北水道贯通的关键就是在这两个区间修建新的人工河道。在临清和济州之间的运河，元朝分两期修建，先开济州河，再开会通河。济州河南起济州（今济宁市）南面的鲁桥镇，北到须城（在今东平县）的安山，长150里。人们利用了有利的自然条件，以汶水和泗水为水源，修建闸坝，开凿渠道，以通漕运。会通河南起须城的安山，接济州河，凿渠向北，经聊城，到临清接卫河，长250里。它同济州河一样，

大运河杭州段一景

京杭大运河

046

京杭运河开凿时间表

在河上也建立了许多闸坝。这两段运河凿成后，南方的粮船可以经此取道卫河、白河，到达通州。

二是开凿坝河和通惠河。由于旧有的河道通航能力很小，元朝很需要在大都与通州之间修建一条运输能力较大的运河，以便把由海运、河运集中到通州的粮食，转运到大都。于是相继开凿了坝河和通惠河。首先兴建的坝河，西起大都光熙门（今北京东直门北面，当年这里是主要粮仓所在地），向东到通州城北，接温榆河。这条水道长约20多公里，地势西高东低，

大运河通州段一景

差距 20 米左右，河道的比降较大。为了便于保存河水，利于粮船通航，河道上建有七座闸坝，因而这条运河被称为坝河。后来因坝河水源不足，水道不畅，元朝又开凿了通惠河。负责水利的工程技术专家郭守敬，先千方百计开辟水源，并引水到积水潭集蓄起来，然后从积水潭向东开凿通航河段，经皇城东侧南流，东南去文明门（今北京崇文门北），东至通州接白河。这条新的人工河道，被忽必烈命名为通惠河。通惠河建成后，积水潭成了繁华的码头，"舳舻蔽水"，热闹非常。

元朝开凿运河的几项重大工程完成后，便形成了今天的京杭大运河。京杭大运河利用了隋朝的南北大运河不少河段，如果从北京到杭州走运河水道，前者比后者缩短了 900 多公里的航程。

目前，京杭运河的通航里程为 1442 千米，其中全年通航里程为 877 千米，主要分布在黄河以南的山东、江苏和浙江三省。

三、隋炀帝与大运河

京杭大运河博物馆馆藏牌匾

一提到隋炀帝杨广，我们就会不由自主地想到大运河。同样，一旦提起京杭大运河，我们就不能不提到隋炀帝，因为，是隋炀帝下令修建了这条世界上开凿最早、流程最长的人工河道。而且后世的很多人认为正是隋炀帝下令修建运河，过度地役使民力才导致了隋朝的灭亡。所以，隋炀帝注定与运河有着难以割舍的缘分，是隋炀帝成就了这千古一河，也是这千古一河至今仍使大家在思考隋炀帝，思考他究竟出于什么原因要修建大运河，是不是因为运河才导致了隋朝覆亡？

（一）开凿原因

大运河是世界上开凿时间最早、流程最长的人工运河。其部分段落始建于春秋时期，至隋炀帝时全线开凿贯通，经唐宋时期的发展，最终在元代形成现在的规模，明清两代又有不同规模的改造和整修。

而对于隋炀帝开凿运河的动机，自古至今，见仁见智，多有争论。有"贪恋江都美景"之说，有"搜刮江南财富"之说，有"耀兵江南、挖掉王气"之说，

京杭大运河一景

有"攻打高句丽"之说。

　　有很多人认为"开凿大运河是隋炀帝贪恋江都美景之果"。将"想游玩江都"视作隋炀帝开凿运河的唯一动机，那是失之偏颇的。但是，隋炀帝开凿南北大运河毕竟是有其个人欲望的。张昆河在评论隋炀帝开运河时说："按理言之，实皆有利于国家民生，然出于君王游幸之意，且操之过急，民力疲弊，遂为亡国之虐政矣！"说隋炀帝贪恋江都之美景，这是事实。当年，隋文帝因为晋王杨广有平陈之威望，将他从并州总管调往扬州，任扬州总管，镇江都。杨广在江都的时间不算短，从开皇十年（590年）

任扬州总管开始,直到开皇二十年(600年)他被立为皇太子后,才离开江都,前后有十一年之久。当时的江都郡,是个繁荣富庶、人才荟萃的历史文化名城,曾享有"天下第一"的盛名。洪迈《容斋随笔》卷九《唐扬州之盛》曾说扬州商贾如织,故谚称"扬一益二",谓天下之盛,扬为一而蜀次之也。诗人杜荀鹤《送蜀客游维扬》诗中说:"见说西川景物繁,维扬景物胜西川。"可见"扬一益二"是当年流行的谚语。据《隋书·地理志》的记载,江都郡辖有十六个县,是当时江南地区辖县多、人口众的雄藩大郡。从遗留下来的杨广咏扬州的诗文来看,杨

京杭大运河内的漕运

隋炀帝与大运河

京杭大运河镇江段

广喜爱江都，不仅是因为江都是个雄藩大镇，还有所喜欢的江都春江花月之美色。他的《春江花月夜》诗的第一首云："暮江平不动，春花满正开。流波将月去，潮水带星来。"这首诗确实写出了扬州临江的秀丽风光。传说《春江花月夜》是陈后主叔宝所创之调，但其作品于今已不传，杨广能用它咏扬州之景色，说明他具有相当的文学素养。

隋炀帝留恋江都、欣羡江都、三下江都是有历史根据的。所以，唐宋人的传奇小说，如宋人作《开河记》等写隋

京杭大运河一景

炀帝由于怀念江都美景，并为挖掉睢阳王气，而兴工开凿南北大运河。但这仅是隋炀帝开凿大运河动机之一，不能视作根本原因，更不能看成"唯一原因"。对此，唐人许棠已看出了隋炀帝当时开通运河的真实意图了。他在《汴河十二韵》中说："昔年开汴水，无应别有由，或兼通楚塞，宁独为扬州？"隋炀帝坐镇江都十余年，贪恋江南之物产，固然是一个方面。隋炀帝开凿江南运河也说是"欲东巡会稽"，这种巡游，固然有享乐成分，如三下江都，但不可能一概以单纯的享乐视之，否则，

西巡陇右和北巡雁门就无从解释，因为那些地方并非"游幸之地"。开凿江南运河前一年，隋炀帝对给事郎蔡征说："自古天子有巡狩之礼，而江东诸帝多敷脂粉，坐深宫，不与百姓相见，此何理也？"答曰："此其所以不能长世。"在此十分明确地讲了两层意思：其一，隋炀帝凿运河是与巡游联系在一起的，他不愿"坐深宫"，他要沿河到各地去"察看"；其二，隋炀帝开凿运河想从根本上解决新建王朝"不能长世"的问题。换言之，隋炀帝四出巡狩，主要是想遵循"天子有巡狩之礼"的古训，履行帝国天子职责，通过巡游了解下情，巩固统治，而不愿效南朝"亡国之君"。此"巡狩"显然不是单纯的享乐、游玩，而是一种军事和政治的示威。

京杭大运河陈列馆附近
京杭大运河上的运煤船

有的论著说，隋炀帝采取断然措施，开凿大运河的动机"纯属搜括江南财富和个人巡游享乐"。用"纯属"两字判断动机的唯一性，也是失之偏颇的。持有此论者否定了开凿运河和攻打高句丽的关系以及其他方面的因素。《资治通鉴》有一段话：隋炀帝将幸江都，"以诗留别宫人曰：我梦江都好，征辽亦偶然。"乍看隋炀帝征高句丽是在开凿运河之后将幸江都之时

京杭大运河是我国古代劳动人民开凿的一项伟大工程

的偶然决策。其实不然。隋炀帝这句诗，实际上是一种"戏言"。征辽这样的大事，哪里可能是"偶然"的呢？隋炀帝对高句丽的征战，决非一时心血来潮的偶然决策。据《资治通鉴》记载，当隋文帝知高句丽王高汤"闻陈亡，大惧，治兵积谷，为拒守之策"后，就曾赐玺书斥责高汤曰："虽称藩附，诚节未尽"，并警告说，王若不"洗心易行，率由宪章"，

"朕若不存含育，责王前愆，命一将军，何待多力！殷勤晓示，许王自新耳！"隋文帝的决策显然影响着隋炀帝，隋炀帝自己也把征高句丽称作"承先旨"（《隋书·艺术传》）。当年杨谅等率百万之众，攻打高句丽，因"馈运不断，军中乏食"等原因而惨遭失败。"兵马未动，粮草先行"，此为军事常识。"承先旨"而征高句丽的隋炀帝也深明此理。所以，隋炀帝即位后，首先下令开凿南北大运河，以满足攻打高句丽的需要。据《隋书·阎毗传》载隋炀帝"将兴辽东之役，自洛口开渠，达于涿郡，以通运漕。毗督其役"。这里充分说明，

京杭大运河上运煤的船只

隋炀帝与大运河

隋炀帝开凿北运河是有其攻打高句丽的军事目的的。

还有的论著说，"挖掉睢阳王气"实为隋炀帝兴工开凿南北大运河的动机。"实为"两字又言重了，把其他因素又排斥了。据明齐东野人所编《隋炀帝艳史》云，听得耿纯臣奏，睢阳有天子气现，昔秦始皇时，金陵亦有王气出现，始皇使人凿断砥柱，后来王气遂灭。如凿河从睢阳境中穿过，天子之气必然挖断。此河一成，又不险，又不远，又可除此后患，岂不美哉。隋炀帝听后甚喜。于

京杭大运河沿途风景秀丽

京杭大运河

隋炀帝陵

是决定凿河。在《艳史》中作了这样的描写：当凿到了睢阳境时，有一所古时的堂屋拦住了运河的开凿，四周都是白石砌成，十分坚固，用锹锄铲锤，无动分毫，传令

京杭大运河石刻

石匠去凿，也不曾留一个痕迹。在门上，用硕大的石柱板挂起来去撞，也无动分毫。在《隋史遗文》又作演为人之阻拦。当运河凿到睢阳时，令城中百姓搬迁，拆毁房屋以利兴工。城中官民不肯，纷纷向河官要求改道，其中一百八十家大户，凑有黄金三千两去进贡官吏，以求改道。河官搬出圣旨，说是奉旨开凿此城，泄去王气。明代小说源于唐人传奇《开河记》，小说固非信史，但多少反映了当时的社会"习俗"，所谓凿穿王气，实质反映着巩固隋王朝的强烈要求。

运河旁停泊的船只

　　隋炀帝开凿南北大运河的动机和目的不是单一的，应该说，是各种因素的综合。所以，对此要进行综合分析。综合分析法是数学解题思想中最基本的方法，同时也是看待历史事件的历史唯物论。所谓综合法，是指"由因导果"的思想方法，所谓分析法，是指"执果索因"的思想方法。这两种思维都不是从一方漫无边际地发展，而是对综合因素所作的探索。开凿运河既有贪恋江都美景的动机，又有搜刮江南财富的目的；既有耀兵江南、挖掉王气的动机，又有攻打高句丽的目的。其工程是伟大的综合工程，其动机也是多种因素的综合。而其主体动机则在于促进南北经济的发展，以巩固其统治。这一动机，也许对隋炀帝个人来说并不明晰，但作为一个统治集团，是会考虑到这一点的。

凡事仅有主观动机，而没有客观条件相配合，也是难以完成。隋炀帝开凿南北大运河这件事也不例外。《隋炀帝大传》对当时开凿大运河的条件有所叙述，其条件是：一，南方经济之发展；二，割据政权之消除；三，开凿技术之积累；四，有贯通南北水运的某些基础。

开凿运河在隋代乃至中国历史上是一件大事。没有主观的动机，就会贻误时机；有了动机而无条件，事情就办不好。到隋代，条件已具备，隋炀帝开凿运河的决心很大，于是这一大工程在数年间兴办起来了。

大运河上繁忙的船只

（二）开凿历程

大运河的开凿早在春秋战国时期就已经开始了，但是真正形成京杭大运河如今的局面，却是在隋朝时期，确切地说，是在隋炀帝在位期间。隋朝开凿大运河分为四个阶段，除第一阶段是在隋文帝

京杭大运河

期间开凿的之外，其他的大部分都是在隋
炀帝的主持下开凿并修建的。

　　一是开凿东通黄河的广通渠。隋朝开
始修建的一条重要的运河是从长安东通黄
河的广通渠。隋初以长安为都。从长安东
到黄河，西汉时有两条水道，一条是自然
河道渭水，另一条是汉朝修建的人工河道
漕渠。渭水流浅沙深，河道弯曲，不便航行。
由于东汉迁都洛阳，漕渠失修，早已湮废。
隋朝只有从头开凿新渠。开皇元年（581 年）

京杭大运河是我国仅次于长江的第二条"黄金水道"

隋文帝即命大将郭衍为开漕渠大监，负责改善长安、黄河间的水运。但建成的富民渠仍难满足东粮西运的需要，三年后又不得不再一次动工改建。这次改建，要求将渠道凿得又深又宽，可以通航"方舟巨舫"。改建工作由杰出的工程专家宇文恺主持。在水工们的努力下，工程进展顺利，当年竣工。新渠仍以渭水为主要水源，自大兴城（今西安市）至潼关长达 300 余里，命名为广通渠。新渠的运输量大大超过旧渠，除能满足关中用粮外，还有很大富余。

二是整治南通江淮的御河。隋炀帝即位后，政治中心由长安东移洛阳，很需要改善黄河、淮河、长江间的水上交通，以便南粮北运和加强对东南地区的控制。大业元年（605年），隋炀帝命宇文恺负责营建东京洛阳，每月役丁200万人。同时，又令尚书右丞皇甫议，"发河南淮北诸郡男女百余万，开通济渠"。此外，还征调淮南民工十多万，扩建山阳渎。工程规模之大、范围之广，都是前所未有的。通济渠可分东西两段。西段在东汉阳渠的基础上扩展而成，西起洛阳西面，以洛水及其

京杭大运河的开凿为我国的经济文化发展作出了巨大贡献

隋炀帝与大运河

京杭大运河一景

支流谷水为水源，穿过洛阳城南，到偃师东南，再循洛水入黄河。东段西起荥阳西北黄河边上的板渚，以黄河水为水源，经今开封市及杞县、睢县、宁陵、商丘、夏邑、永城等县，再向东南，穿过今安徽宿县、灵璧、泗县，以及江苏的泗洪县，至盱眙县注入淮水。两段全长近两千里。山阳渎北起淮水南岸的山阳（今江苏淮安市），径直向南，到江都（今扬州市）西南接长江。两渠都是按照统一的标准开凿的，并且两旁种植柳树，修筑御道，沿途还建离宫四十多座。由于龙舟船体

京杭大运河一景

京杭大运河石刻

隋炀帝与大运河

京杭大运河是流动着的重要的人类文化遗产

庞大，御河必须凿得很深，否则就无法通航。通济渠与山阳渎的修建与整治是齐头并进的，施工时虽然也充分利用了旧有的渠道和自然河道，但因为它们有统一的宽度和深度，因此，主要还要依靠人工开凿，工程浩大而艰巨。可是历时很短，从三月动工，到八月就全部完成了。隋炀帝立刻从洛阳登上龙舟，带着后妃、王公、百官，乘坐几千艘舳舻，南巡江都。这是中外工程史上的奇迹，当然，代价是极其高昂的。在凿渠和造船过程中，"役丁死者什四五"。

三是修建北通涿郡的永济渠。在完成通济渠、山阳渎之后，隋炀帝决定在黄河以北再开一条运河，即永济渠。大业四年（608年），"诏发河北诸郡男女百余万，开永济渠，引沁水南达于河，北通涿郡"（《隋书·炀帝纪》上）。永济渠也可分为两段：南段自沁河口向北，经今新乡、汲县、滑县、内黄（以上属河南省）、魏县、大名、馆陶、临西、清河（以上属河北省）、武城、德州（以上属山东省）、吴桥、东光、南皮、沧县、青县（以上属河北省），抵今天津市；北段自今天津折向西北，经天津的武清、河北的安次、到达涿郡（今北京市境）。
南北两段都是当年完成。永济渠与通济渠
一样，也是一条又宽又深的运河，据载全
长1900多里。深度多少，虽不见文字，
但大体上说，与通济渠相当，因为它也是
一条可通龙舟的运河。大业七年（611年），
炀帝自江都乘龙舟沿运河北上，带着船队
和人马，水陆兼程，最后抵达涿郡。全程
4000多里，仅用了50多天，足见其通航
能力之大。

四是疏浚纵贯太湖平原的江南河。太
湖平原修建运河的历史非常悠久。春秋时
的吴国，即以都城吴（今苏州市）为中心，

京杭大运河对南北经济、文化交流曾起到重大的作用

隋炀帝与大运河

运河畔的小河直街

凿了许多条运河，其中一条向北通向长江，一条向南通向钱塘江，这两条南北走向的人工水道，就是最早的江南河。这条河在秦汉、三国、两晋、南北朝时，进行过多次整治，到了隋炀帝时又下令作进一步疏浚。《资治通鉴》卷一八一记载："大业六年冬十二月，敕穿江南河，自京口至余杭，八百余里，广十余丈，使可通龙舟，并置驿宫、草顿，欲东巡会稽。"会稽山在今浙江省绍兴市东南，相传夏禹曾大会诸侯于会稽，秦始皇也曾登此山以望东海。隋炀帝好大喜功，大概也要到会稽山，效仿夏禹、秦始皇的故事。

在以上这些渠道中，隋炀帝在位期间所开凿的通济渠和永济渠是这条南北大运河中最长最重要的两段，它们以洛阳为起点，成扇形向东南和东北张开。洛阳位于中原大平原的西缘，海拔较高，运河工程充分利用这一东低西高、自然河道自西向东流向的特点，开凿时既可以节省人力和物力，航行时又便于船只顺利通过。特别是这两段运河都能够充分利用丰富的黄河之水，使水源有了保证。开凿这两条最长的渠道，前后仅用了六年的时间。隋炀帝时期开凿的大运河，史称南北大运河，正是隋炀帝的这次开凿，才使得运河能够贯穿我国南北。

京杭大运河旁的皇华亭

（三）千秋功过

让我们先看两首关于大运河的古诗：

汴水

胡曾

千里长河一旦开，亡隋波浪九天来。

锦帆未落干戈过，惆怅龙舟更不回。

汴河怀古

皮日休

尽道隋亡为此河，至今千里赖通波。

若无水殿龙舟事，共禹给功不较多。

自古以来，关于大运河的争论就从没有停止过，大部分人秉持儒家的观点，认为作为皇帝应该爱惜民力，不能过度役使民力，使得农业生产无法进行。但是也有人看到了大运河给社会经济发展带来的巨大经济效益，从而认为隋炀帝开凿大运河是对中国社会经济的发展有非常大的意义的。那么京杭大运河在历史上究竟扮演着一个什么样的角色呢？是"运河亡隋"还是"运河兴国"呢？

589年隋文帝杨坚灭陈，结束了南朝

对于大运河的开凿，历史学家有着不同的观点

京杭大运河

170 年的统治，统一了全国，这是有深远意义的历史事件。全国统一，修建南北大运河才有需要与可能。隋代大运河在唐宋元明清各个朝代中，成了连接北方政治重心与南方经济重心的生命线；对南北物资交流，促进经济发展，厥功甚伟。元代在隋大运河的基础上，裁弯取直，修建成了长达 1794 公里、跨越 10 个纬度、沟通 5 大水系的举世闻名的京杭大运河。这条运河，直到津浦铁路通车以前的六百年间，都是南北交通的大动脉。即使在当代地面、水上、空中立体大交通的格局下，在铁

京杭大运河畔的石刻

（路）、公（路）、水（运）、管（道）多种运输方式的网络中，运河在国民经济中的作用也是不容抹杀的。隋代大运河的修建从文帝杨坚开始，到炀帝杨广完成。

我国古代劳动人民早就为征服江河、发展水运事业而奋斗，南北通航并非从隋代才开始。280 年，当王濬率领蜀中水师顺江东下，将要直攻东吴国都建康（今南京）时，杜预曾经写过一封信给他，讲到他胜利回师到东都洛阳，将取道汴渠。信中说："足下既摧其西藩，便当径取秣陵（今南京），讨累世之逋寇，释吴人于涂炭。自江入淮，逾于泗、汴，溯河而上，振旅还都，亦旷世之业也。"清初历史地理学家胡渭（1633-1714 年），对此作评论说："濬舟师之盛，古今绝伦，而自泗、汴溯河，可以班师，则汴水之大小，当不减于今。又足以见秦、汉、魏、晋皆有此水道，非炀帝创开也。"同样，江南运河也是早在公元前 210 年，因秦始皇妄信"望气者"说丹徒（今江苏省镇江市）有王气，遂"使赭衣徒凿坑败其势"，改谷阳为丹徒，这时便开始有了通江水道。元《至顺镇江志》引晋人《太康地记》又有秦凿曲阿（今江苏丹阳）的记载，这便是（丹）徒（丹）阳运河的滥觞。由此，元代的俞希鲁说："京口（今江苏镇江市)有渠，肇自始皇，非始于隋也。""是则炀帝初非创置，不过开使宽广耳。"又据《越绝书吴地传》记载：秦始皇曾经"治陵水道到钱唐越地，通浙江"。学者们多认为这是杭嘉运河的创始。古丹徒运河和杭嘉运河为隋代江南运河奠定了基础。隋代大运河是在前人劳绩的基础上建成的。

隋朝国祚很短，两代当政不过三十多年（581-618年）。但是这个王朝的能量很大，它在取得政权以后，就开始了一系列具有战略意义的建设工作，对当时和后

京杭大运河一景

干枯的京杭大运河
台儿庄段

京杭大运河无锡段

世都产生了深远的影响，大运河的开凿就是其中重要的一项。从隋文帝统一江南以前开始修凿广通渠，直到隋炀帝开通江南运河为止，先后经历了二三十年。

隋炀帝时代所开凿的运河以洛阳为中心，利用黄河为基干，向东南、东北开河，不仅水源有保证，而且顺应我国地形西高东低的基本特点，充分利用各河流的自然流向。大运河工程浩大，动用几百万军民，全长四五千里，沟通了海河、黄河、淮河、长江和钱塘江五大水系，是世界水利史上的伟大工程之一。这样巨大的工程，又穿越复杂的地理环

京杭大运河

京杭大运河一景

境，要解决一系列科学技术上的难题，运河工程的完成，反映了我国古代劳动人民的聪明才智和创造精神。

隋开运河有政治上和经济上的目的。从当时的政治形势看，隋继北周，开永济渠有利于稳定华北一带；隋要灭陈，就要有通长江的水道，（元）胡三省在《资治通鉴》文帝利用邗沟故道开山阳渎以通运漕下注云："隋特开而深广之，将以伐陈也。"从经济上看，关中、中原两大经济区经过长期惨重破坏之后，社会经济已丧失自我恢复和自我调整的内在生机，不可能再恢复到原来曾经达到过的水平。而江

京杭大运河畔的石狮

南地区得到充分开发之后，全国经济重心已南移，政治重心却因政治上和国防上的原因，不能随着经济重心的南移而南移，在两者必然分离之后，必须以南方的经济来支撑北方的政治，而两者之间唯一可能的联系是运河。因为这个时期的交通运输，陆路艰难，运量有限，运费很高；水路又只通沿海，没有贯通南北交通的河流。所以，利用一些天然河道、湖泊洼地和古运河来开通南北运河，是当时最好的办法。

大运河成为我国南北交通的大动脉，对于加强南北联系和经济交流，促进祖国的统一和发展经济、文化，都发挥了积极的作用。据《通典》记述，江、淮、河、海四大水系沟通之后，自是天下利于传输。运河中商旅往返，船乘不绝。运河两岸，商业都市日益繁荣，杭州、扬州、镇江等成为物资和人文荟萃的繁荣城市。

对于如此巨大的工程，封建王朝用严刑峻法征调徭役，限期紧迫，造成河工大量死亡，民怨沸腾。我们可从《开河记》中描写开凿汴渠的情况知其概略："诏令以征北大都督麻叔谋为开河都护。男丁十五岁以上、五十岁以下者都要征

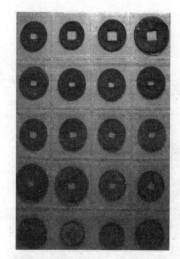

隋朝古钱币

集，如有隐匿者斩。丁夫计三百六十万人。更以五家出一人，或老、或幼、或妇女，供馈饮食。又令少年骁卒五万人，各执仗为吏，如节级队长之类。总共五百四十三万余人。畚锸既集，东西横布数千里。及开汴梁盈灌口，点检丁夫，约折二百五十万人；其部役兵士旧五万人，折二万三千人。"这给民夫、兵士的生命造成了多么严重的摧残！运河开通，炀帝自洛阳迁驾大梁（今开封市），诏令江淮诸州，造大船五百只。使命至，急如星火。民间有配着造船一只者，家产用尽；犹有不足，枷项笞背；然后卖男鬻女，以供官用。运河上，官船舳舻相接，绵延千里。从大梁到淮口，连绵不绝。锦帆过处，香闻百里。以上虽系稗官之言，但如不计细节，那它对这种强制劳动的残酷性所作的描述，却符合历史的真实。《资治通鉴》记炀帝开永济渠时，"丁男不供，始役妇人"。连妇人也要同男丁一样负担沉重的徭役。炀帝为要寻欢作乐，"遣黄门侍郎王弘等往江南造龙舟及杂船数万艘。东京官吏督役严急，役丁死者什四五，所司以车载死丁，东至成皋（今河南汜水县），

京杭大运河苏州段

北至河阳（今河南孟县），相望于道"。《通鉴》记述杨广所乘龙舟有四重，高四十五尺，长两百尺。上重有正殿、内殿、东西朝堂；中二重有一百二十房，皆饰以金玉；下重内侍居住。别以浮景九艘，三重都是水殿。共用挽船士八万余人。舳舻相接二百余里。"春风举国裁宫锦，半作障泥半作帆"（唐李商隐《隋宫》）。障泥是马鞯，垫在马鞍下面，两旁下垂，用以遮挡泥土，故名。帆指龙舟上的锦帆。这是唐代诗人对杨广南游不顾农时、暴殄天物、荒淫无耻所作的揭露和控诉。人民只有起来推翻这个王朝，才能有活路。

后人讨论隋祚如此短促，归咎于隋炀帝开运河，这样看问题是不正确的。杨氏父子开凿运河是很有作为的壮举；但由于封建统治阶级对人民的暴虐和他们自身的穷奢极欲、残民以逞，使得与人民的矛盾极度激化起来，遂给隋王朝的迅速覆灭创造了条件。明代于慎行评论隋炀帝开大运河的结果："为其国促数年之祚，而为后世开万世之利，可谓不仁而有功者矣。"《元和郡县图志》也说："隋氏作之虽劳，后代实受其利。"陆游在赴夔州时，途经江南运河，他曾这样评说："自京口抵钱塘，梁、陈以前不通漕，自隋炀帝始凿渠八百里，皆

京杭大运河扬州段

京杭大运河

京杭大运河是举世闻
名的水利工程之一

阔十丈，夹冈如连山，盖当时所积之土。朝廷（指南宋）所以能驻跸钱塘，以有此渠耳。汴与此渠，皆假手隋氏，而为吾宋之利，岂亦有数耶。"总之，开凿大运河，在客观上是嘉惠后世、造福子孙的伟业。

运河是举世闻名的水利工程之一。它从无到有，从分段通航到全线通航，自春秋至隋代，历时一千一百多年，这是我国古代劳动人民用智慧和血汗创造出来的伟大工程。它对我国统一的中央集权制国家的巩固和发展，以及促进各地区之间经济和文化交流等多方面的积极作用，早已为人们所公认。唐人曾经描绘运河开通后全

京杭大运河一景

国的交通形势："天下诸津，舟航所聚，旁通巴、汉，前指闽、越，七泽十薮，三江五湖，控引河、洛，兼包淮、海。弘舸巨舰，千轴万艘，交贸往来，昧旦永日。"我们的祖先利用纵贯南北的大运河把全国许多河流、湖泊联缀成一张水运网络。但是，随着大运河工程的完成，给运输带来了方便，封建统治集团贪婪的胃口也更大，他们以残暴的手段更多地榨取劳动人民的剩余劳动产品甚至一部分必要劳动产品，征调更多的劳动人口负担沉重的徭役，迫使劳动人民终年在饥饿和死亡线上挣扎。"东南四十三州地，取尽脂膏是此河。"旧时代，滚滚大运河，流淌的不仅是人民创造的物质财富，也是无数劳苦大众的鲜血和泪水！

四、大运河的前世今生

作为中国古代历史上南北交通的主动脉，大运河曾经有过辉煌的历史，但是随着近代河道的不断淤积堵塞以及工业文明的冲击，大运河逐渐退出了历史舞台。

（一）运河盛况

太湖平原

太湖平原是中国最早开凿运河的地区。《水经注》云：徐偃王"欲舟行上国，乃沟通陈、蔡之间"。由于"沟通陈、蔡之间"的运河早已无迹可寻，人们一般以春秋时期开凿的邗沟为京杭大运河的始凿。邗沟开凿于春秋时期的公元前486年。在此之前，吴国先后打败了越国、陈国、蔡国、鲁国和宋国，为了向北运兵进攻齐国遂开凿了邗沟。

根据文献记载和考古发掘，春秋时邗城在今江苏扬州市北五里蜀岗上，邗沟在蜀岗下，沟水由城东南今铁佛寺前向东至螺丝桥，再由湾头北上，穿过今高邮南三十里的武广湖（后名武安湖）与陆阳湖之间，进入樊良湖，再向东北入博芝湖（即广洋湖）、射阳湖至山阳（今淮安楚州）以北末口，汇入淮水，全长约四百余里。

吴王夫差开凿的邗沟河是扬州的母亲河，扬州城因此也是最古老的运河城。因年久淤湮，邗沟故道今存长约一千四百米，新修桥墩上嵌有清时"邗沟桥"石额。

　　隋朝建立后，为了适应统一国家政治、经济和军事上的需要，遂以京师（今陕西西安）、东都（今河南洛阳）为中心，经过统一规划、施工，先后开凿了由京师东出黄河的广通渠，沟通淮河流域、江淮平原、太湖平原的通济渠、邗沟、江南运河和沟通黄河下游、海河流域的永济渠，完成了南北大运河的全线贯通。

　　元朝建都大都（今北京），一改先前以关中君临天下的格局，大运河的布局亦相应由东西向改为南北向，并先后开凿了济州河和会通河，形成了以北京为中心、南达杭州的京杭大运河，其水路的走向，与今日的京杭大运河基本一致。

　　在京杭大运河的历史上，有一个人不能忽略，那就是中国古代著名的水利专家、元都水监郭守敬。

　　会通河开通以后，通州（今北京通州）至大都（今北京）之间仍须陆路搬运。为使漕船可以直达大都，郭守敬提出开凿通惠河的建议，元世祖"览《奏》喜曰'当

京杭大运河杭州段

大运河的前世今生

运河建筑

速行之'"。在郭守敬的主持下，至元二十九年（1292年）春天动工，至元三十年（1293年）秋天完工。至此，南起杭州，北至北京，连接钱塘江、长江、淮河、黄河、海河五大水系的京杭大运河全线贯通。

由于明（成祖以后）、清两代相继建都北京，所以朝廷和元朝一样竭力维护京杭大运河的通航，运河沿岸屡次出现了繁荣景象。

在京杭大运河漕运经济兴盛时期，杭州、苏州、扬州和淮安逐渐成为运河沿线的四大都市，时有"南有苏杭、北有淮扬"之说。

《游桓山》石刻

京杭大运河线路图

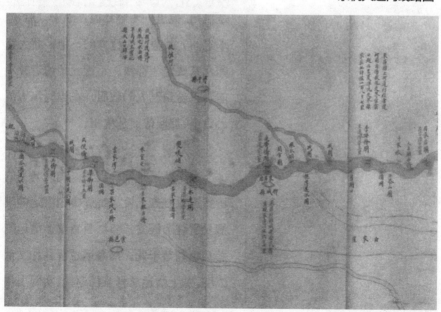

京杭大运河上的船只

1. 杭州

有着八千年文明史的杭州，是京杭大运河的南端起点，"杭州"之名也是因河而生，独特地理位置使其占尽了优势。

隋朝时，由于江南运河的开通，杭州因河而兴。在唐代，杭州倚借通江达海的大运河与广州扬州并列为中国三大通商口岸。南宋时期，江南漕运达到鼎盛，手工业和商业空前繁荣，杭州市人口达一百多万，跻身世界十大城市行列。到了明清两朝，运河两岸官办粮仓集聚，被誉为"天下粮仓"。

现代文化，即长江文化在历史上居于支配地位是什么时候开始的呢？中国著名历史地理学家陈桥驿的答案是：大概可以上溯到一千余年前，核心地点就是杭州。他进一步解释说："南宋以后，继承它的元是蒙古人建立的，他们将大都即北京城定为都城。不过元统治者并不能真正受到汉人的敬服，在当时汉人的心目中，都城依旧是杭州。"

2. 淮安

由于明清时期确立了以内河为主的漕粮运输制度，设立统管中国漕运的理漕长官驻节淮安，同时，负责督运漕运的总兵也驻节于此，与漕运总督并称文武二院，加上漕运总督兼任巡抚，实际上淮安已成为了苏北和皖北的地区政治中心。

淮安还在明时建立了中国规模最大的漕船制造厂，仅 1490—1544 年的五十余年间，在此营建的漕船就达三万多艘。淮安的常盈仓有八百间仓房，可容纳 150 万石漕粮，其交通枢纽地位之凸显促使了商旅辐辏的城市繁荣。

有学者认为淮安是"运河之都"，历史上发挥着五大中心的重要作用，即京杭大运河沿线的漕运指挥中心、河道治理中心、漕船制造中心、粮食储备中心、淮北食盐集散中心。它是一座典型的因运河兴而兴，因运河衰而衰的城市。

京杭大运河成为了沿线漕运的中心

大运河的前世今生

隋炀帝陵

3. 苏州

京杭大运河苏州段始凿于春秋末期。在苏州建城（前514年）后的公元前495年，吴王夫差开凿了由苏州至无锡、常州入长江的运河。

隋唐以后，苏州因大运河而成为万商云集的繁华之地，至明清而一跃成为东南的一大都会和政治、经济、文化中心，商业达到了空前繁荣的程度。

商市从"吴阊到枫桥，列市二十里"。阊胥两门是"百货堆积，店铺毗连"，成了"万商云集，客货到埠，均投出售"的商贸中心。不仅如此，沿运河往西，繁华一如苏州城。枫桥一带是米豆交易

**古代京杭大运河漕粮
人物塑像**

中心，每年贸易量达百万石。及至浒关，亦成"十四省货物辐辏场所，商船往来，日以千计"。"五更市贾何曾绝，四远方言总不同"的诗句是对当时苏州繁华景象的极好写照，而这一切，均由大运河而生。

4. 扬州

千里运河，万里长江，唯一的交汇点就在扬州，同时它也是整个中国大运河的发端，历经汉代的富足，唐代的鼎盛，清代的辉煌，史称"扬一益二"。河兴城旺，"十里长街市井连""夜市千灯照碧天""腰缠十万贯，骑鹤上扬州"都生动反映出这座古城的繁华胜景。

到了宋元时代，普哈丁和马可·波罗等外国人由运河来扬州，从事商业、旅游和宗教活动，东西方文化在这里交融。在清代，扬州成为中国盐运和漕运的中枢，商贾云集、群贤毕至，扬州成为当时全世界超过五十万人口的十大城市之一。

（二）盛极而衰

清朝康、雍、乾三朝鼎盛时期，在大力治理京杭大运河的同时，又大治黄河，所以在清中期黄河、淮河和运河一度相安无事，确保了水运的畅通。及至乾隆后期，尤其嘉庆、道光以后，中国开始陷入内忧外患的境况，也因而疏于河工，致使大运

京杭大运河夜景

大运河的前世今生

如今的京杭大运河依旧十分繁忙

河艰涩日甚一日。

咸丰三年（1853 年）黄河在铜瓦厢决口北徙，冲垮张秋镇运堤，挟汶水走大清河至利津入海，安山以北运河因此干涸。同治年间（1862—1874 年）年间漕粮改以海运为主，仅十分之一仍由河运。光绪二十七年（1901 年），漕粮全部改折，漕运停办，历代朝廷所苦心经营的京杭大运河漕运从此日薄西山，大运河日趋残破。

民国初年，北京通州的通惠河，河道犹存，但缺水断航，船舶早已绝迹。

山东境内的鲁运河，黄河以北一段，先前借黄济运，泥沙大量沉积，河床早

京杭大运河水运一景

已淤塞；黄河以南一段，水源尚较充足，但闸坝多已废圮，调剂水源已有困难，致使半数河道淤塞，剩下的另一半仅能勉强维持小型船只通航。

江苏淮阴至扬州的里运河，所经为平原地区，湖泊广布，河网密集，水源较为稳定，千担以下民船可畅通无阻，吃水较浅的汽船可往返行驶。

长江以南的江苏运河，除江苏镇江京口常受江潮冲击、浙江杭州钱塘江江岸常受海潮侵扰外，其余河段水源丰富，可以终年航行无阻。

从整体上看，曾经无限风光的京杭大运河在清朝末期就已经失去了南北大贯通

大运河的前世今生

京杭大运河上繁
忙的航运

的功能，尤其是淮阴以北的运河，已呈基本瘫痪的态势，甚至已经只剩下干涸的河床，不再具备任何实用价值。只有江南运河凭借其水源的充沛，还发挥黄金水道的功能。

（三）运河现状

京杭运河的流向、水源和排蓄条件在各段均不相同。下面就根据大运河的不同河段来介绍运河的现状。

1. 通惠运河

历史性通航河道。由于清末实行"停漕改折"政策和 20 世纪以来铁路、公路交通发展，货物转为陆运，加之水源不足，航道失修，至 50 年代初期，仅有少量船只作间歇性通航。目前该河主要用作北京市排水河道，已不能通航。

2. 北运河

北运河长约 180 公里，集水面积 5.11 万平方公里，由天津注入海河。除屈家店至天津段 15 公里可供小船作季节性通航外，其余河道均不能通航。

3. 南运河

南运河又名御河，长 414 公里。四女寺至临清段称卫运河，长 94 公里。天津至四女寺段航道窄狭弯曲，底宽 15—30 米，水深约 1 米，建有杨柳青、独流、北陈屯、安陵 4 座船闸，可通航 100 吨级船舶。由于上游水库拦蓄，两岸农田灌溉，加之年久失修，现已处于断航状态。卫运河底宽 30 米，水深约 1 米，建有四女寺、祝官屯船闸，可通航 100 吨级船舶。由于上游岳城水库畜水，截走水源，航道情况骤然恶化。

4. 鲁北运河

鲁北运河也称位山、临清运河，原河段已淤塞。1958 年另选新线，长 104 公里，但未开挖。1960—1968 年，根据引黄输水要求，开挖了周店至尚店 76 公里渠道，两头河段尚未开挖。

京杭大运河风光

大运河的前世今生

京杭大运河扬州段

5. 鲁南运河

国那里至梁山段称东平湖湖西航道，长 20 公里，1968 年虽经疏浚整治，但河道严重淤积，水深不足，尚不能通航。梁山至南旺段长 33.8 公里，枯水期航道水深 0.5 米，每年可通航 6 个月，为季节性航道。南旺至济宁段长 27.1 公里，底宽 15 米，枯水期水深 0.5 米，每年仅通航 6 个月，为季节性航道。济宁至二级坝段长 78.1 公里，航道顺直，枯水期水深 1 米以上，底宽 50 米，可通航 100 吨级船舶。

6. 中运河

二级坝至大王庙段原来是走韩庄、台儿庄一线。1958 年在江苏省境内新辟南四湖湖西航道及不牢河河段，使河道经徐州市北郊通过，至大王庙与中运河汇合。大王庙至淮阴段仍循原来河道南下，长 163 公里。徐州以下河段，经近年分段拓宽，航道一般底宽 45—60 米，水深 3 米以上，已可通航 500—700 吨级以上拖带船队。是为徐州煤炭南运主要线路。

7. 里运河

全长 169 公里，其入江口原在瓜洲，

1958 年改至六圩入江。近年屡经整治，航道底宽一般达 70 米，水深 3 米以上，可通航 1000 吨级拖带船队。年运货量 1500 万吨左右。

8. 江南运河

自长江南岸谏壁口经丹阳、常州、无锡、苏州、平望至杭州。其中，平望至杭州有 3 条航线，即东、中、西线，如以东线计算，全长 323.8 公里，大部分底宽 20 米，水深 2 米，一般可通航 40—100 吨级船舶，年货运量达 1600 余万吨。

中华人民共和国成立后，对运河进行了大规模整修，使其重新发挥航运、灌溉、防洪和排涝的多种作用。1988 年底建成的京杭运河和钱塘江沟通工程已将江、河、海衔接起来，构

京杭大运河一景

大运河的前世今生

**再现隋朝时期
的漕运景象**

成了以杭州为中心的京杭运河与长江、黄河、淮河、海河、钱塘江五大水系相连通的水运网。

（四）新生契机

京杭大运河是中国唯一南北走向的长河，也是世界上最长的人工运河，它与长城一起被视为中国古代最重要的两大工程奇迹。然而，这条大运河一直徘徊在世界文化遗产的门外。连续两年（2006年和2007年），"京杭大运河申遗"都成为两会的议题。而与申遗相对应的是，经历沧桑巨变的大运河等待着命运的又一次转机。

1.运河文化

京杭大运河肇始于春秋时期，完成于隋代，繁荣于唐宋，取直于元代，疏通于明清，作为人类改造自然的一项壮举，大运河绵延千里、纵贯南北的水系，构成了独特的自然风情，沿岸几十座城市的人文景观和民俗风韵，也大多有着意境别具的高品位文化。

有学者形容："运河沿岸的古墩、古庙、古塔、古桥、老街、老店、老厂、老窑以及街市的繁华景象、市民的生活习俗，犹如《清明上河图》的长幅画卷展示在人们面前。"

在运河区域考察，学者们发现了许多思想、文化交融的痕迹。古老的运河滋养起丰富的物质和非物质文化遗产，它沟通了长江文明与黄河文明，造就了一条具有鲜明特色的文化长廊。

2. 惨淡现状

然而，大运河独有的文化特色，在现代文明和过度开发的冲击下，正在迅速流失。

在运河流经的杭州拱宸桥，运河两岸的许多古迹大多已不复存在，取而代之的是建设中的桥东运河文化广场、运河博物馆和地下商城，以往浅吟低唱船歌、打鱼运货的运河人家杳无踪迹，取而代之的是冒着黑烟轰轰而过的机动船舶。

不仅是在杭州，在运河北端的通州，"北运河码头"的"码头"只剩下了一个概念。考察的专家们看到，跨河的桥上车来车往，拥挤繁忙。成堆的垃圾已使运河几乎成为污水沟。

运河的本义即是人工开挖的河道。实际上，京杭大运河也是开挖河道连通了五大水系而成。如今，随着历史上漕运的废

京杭大运河干枯的
梁山段

大运河的前世今生

扬州运河大桥

除，黄河改道的淤塞，普遍的缺水，以及后来严重的污染、生态的破坏、多次的改造和沿岸的开发建设，大运河作为有水通航贯通全程的完整意义上的一条河，已基本不存在。

历史上，沧州段运河一直是条丰水河。在当地老人的记忆中，就在 20 世纪 40 年代，运河水深还有六七米，能行二十多米长的大船。可现在，这些河流淌的都是污水，严重缺水使沧州段运河成了"干河"。

济宁南旺分水枢纽是整个大运河上最具科技含量的工程，明朝永乐年间

（1411年）曾经因成功实施"引汶济运"，而使运河畅通了五百年。但今天，分水龙王庙前的运河已经变成了一片树林，曾经显赫的历史与这里的大多数古运河道一样，被掩埋在地下，尘封在岁月中。

大运河的命运在历史上始终与漕运联系在一起。1292年，大运河全线贯通，当时仅从大运河北调的南粮，即达全国总税粮的六分之五。明朝时，因实行海禁，大运河几乎成为唯一一条南粮北运的水路通道。

而在今天，济宁以南的河段（即鲁、苏、浙三省），尽管依然发挥着部分的交通运输功能，但由于其他现代交通运输方式的快速发展，加上河水不足，其载运能力已大大下降。许多河段，河水发黑，散发着难闻的气味。

失去了运输功能的大运河，其运河的本义也就不得不大打折扣。目前，大运河已不能全程通航，其中全年通航里程仅为877公里，季节性通航里程也只有1100公里。运河的断流停航和废弃，城市的大规模改造，运河沿岸的历史文脉已变得漫漶不清，古桥纵横、河埠林立、古屋比邻、商铺连绵、巷弄穿错的运河

京杭大运河镇江段风景

京杭大运河

风光已经或即将成为记忆。

"作为文化遗产，大运河的真实性和完整性有消亡的危险。"不少专家对此忧心忡忡。

3. 申遗之路

京杭大运河申请联合国世界文化遗产的工作，再度成为2007年政协会议关注焦点。全国政协文史和学习委员会的委员们呼吁加快京杭大运河的保护和申遗工作。

此前，在2006年"两会"期间曾有五十八位全国政协委员向大会提交了一份关于大运河保护和"申遗"的议案。他们认为，大运河以其深厚的历史文化内涵，不失为一条"古代文化长廊""古代科技库""名胜博物馆"

京杭大运河
杭州段

和"民俗陈列室",是研究中国古代政治、经济、文化、社会等方面的绝好实物资料。如不及早启动保护工作,运河的历史文化、遗迹和自然风光等将迅速消亡,这将是中华民族的巨大损失。

然而,同样是古代水利工程,罗马城内的十三条古罗马时代的水道,最长不过九十余公里,均是意大利国家重点文物保护单位。西班牙塞哥维亚至今仍在使用的"罗马大渡槽",建于公元前1世纪,长仅813米,早在1985年即被列入世界文化遗产名录。

而中国的京杭大运河,却始终未能被界定在文物保护的领域内。

除了历史的原因，是什么原因导致了大运河目前的现状？

著名文物专家谢辰生说："到目前为止，我们对于完整的大运河的情况，还不是非常清楚，包括废弃的地方，到底废弃了多少？是什么样的地貌？这些都还不清楚。"

目前，大运河作为航运水道，一直由各地水运部门或交通部门分段管理，有关专家认为，其必然的结果是，重经济效益而轻历史文化积淀，也根本不可能从整体上关注沿线的文化遗存。

在资源利用上，人们只注意"黄金水道"内河货运量的增长与否，很少去关心运河文化对环境生态、旅游景点、风土建筑等方面的影响，不注重对文化资源的开发利用，致使未将运输体系的利用和文化资源的保护齐举并重，没有树立长远战略眼光来推动"大运河文化带"的建设。

在文物保护上，因为理念迟滞和条块切割，文物部门大多始终未能主动介入对大运河文物的监控，至今没有一份保护规划方案，而经费的捉襟见肘更使文物保护雪上加霜，只能徒叹运河文明的失落，被动等待的心态使大运河的文化遗存定性若

东坡公园

大运河的前世今生

京杭大运河杭州段

明若暗，导致文物保护工作的若存若亡。

专家们认为，正是这些原因，导致了大运河保护现状的尴尬。

曾经向世界文化遗产协会提出"京杭大运河申遗"的郑孝燮、罗哲文两位老专家认为，要扭转运河的这个趋势，需要借助于世界遗产的申报。"如果大运河获得这个'世界遗产'称号，可以推动沿岸城市的政府部门承诺承担起保护大运河的责任，大运河的治理也可以得到各国的资金和技术等方面的援助。"

尽管运河保护的现状不尽如人意，

京杭大运河杭州
三堡船闸

但在有识之士提出运河申遗课题前，许多城市就已着眼于保护运河沿岸的历史文化遗存。

在大运河的南端杭州，从 2002 年起就把运河杭州段综合整治与保护开发作为重大工程来实施。通过规划、整修、建设，一个以大运河博物馆、运河两岸各长 10 公里的景观带为核心的"一馆二带两场三园，六埠十五桥"的系列景观出现在人们的视野中。

"一部长长的运河史，现实已无法将它还原，但运河不能没有记忆。"京杭运

大运河的前世今生

京杭大运河
扬州段

河杭州段指挥部总指挥陈述认为，对运河的整治与保护绝不是对运河杭州段历史的复制，需要对历史信息的选择性读取。"运河沿岸业已消逝的古风古韵固然值得凭吊叹惋，但今天两岸的百姓生活何尝不是新版的运河风情图？"

"保护和发展可以并存。"世界遗产研究专家也认为，运河从春秋战国时开始流淌，到隋炀帝时期，后来又到元代，经过了几次大的修整。保护并不是仅仅保护春秋战国时期的运河，或是隋炀帝时候的运河、元代的运河，需要保护的是历史遗留下来的东西，这种保护也是可持续发展的保护。